BEI GRIN MACHT SICH IHR WISSEN BEZAHLT

AF137438

- Wir veröffentlichen Ihre Hausarbeit,
  Bachelor- und Masterarbeit

- Ihr eigenes eBook und Buch -
  weltweit in allen wichtigen Shops

- Verdienen Sie an jedem Verkauf

Jetzt bei www.GRIN.com hochladen
und kostenlos publizieren

Ausdauertrainingsplanung für eine 28-jährige männliche Person

GRIN ☺

Bibliografische Information der Deutschen Nationalbibliothek:

Die Deutsche Nationalbibliothek verzeichnet diese Publikation in der Deutschen Nationalbibliografie; detaillierte bibliografische Daten sind im Internet über http://dnb.d-nb.de abrufbar.

ISBN: 9783346825001
Dieses Buch ist auch als E-Book erhältlich.

© GRIN Publishing GmbH
Nymphenburger Straße 86
80636 München

Alle Rechte vorbehalten

Druck und Bindung: Books on Demand GmbH, Norderstedt Germany
Gedruckt auf säurefreiem Papier aus verantwortungsvollen Quellen

Das vorliegende Werk wurde sorgfältig erarbeitet. Dennoch übernehmen Autoren und Verlag für die Richtigkeit von Angaben, Hinweisen, Links und Ratschlägen sowie eventuelle Druckfehler keine Haftung.

Das Buch bei GRIN: https://www.grin.com/document/1331129

Deutsche Hochschule für
Prävention und Gesundheitsmanagement
Hermann-Neuberger-Sportschule 3
66123 Saarbrücken

Studiengang	**Sportökonomie**
Studienmodul	**Trainingslehre 2**
Datum Präsenzphase (siehe Ergebnisdokumentation)	**06.12.-08.12.2021**
Aufgabe	**Erstellen Sie für eine beliebige Person eine Trainings- planung für das Ausdauertraining**

Inhaltsverzeichnis

1   Diagnose

Für eine optimale Trainingssteuerung ist eine Diagnose erforderlich, in der mittels eines Eingangsgesprächs sowie Eingangstests relevante Ist-Daten des Kunden gesammelt werden. Die Leistungs- und Gesundheitsparameter dienen als Grundlage für die Planung des Ausdauertrainings, mit deren Beurteilung Maßnahmen in der Trainingssteuerung vorgenommen werden können. In der folgenden Tabelle werden die allgemeinen und biometrischen Daten des Kunden dargestellt.

1.1   Allgemeine und biometrische Daten

Tabelle 1: Dokumentation der allgemeinen und biometrischen Daten (eigene Darstellung)

	Daten	Bewertung
Alter	28 Jahre	
Geschlecht	Männlich	
Körpergröße	180 cm	
Körpergewicht	90 Kg	BMI: 27,78 (90 Kg/ (1,80 x 1,80). Der Kunde liegt laut der Beurteilung des Ernährungszustandes durch den Body-Mass-Index (BMI) in Tabelle 3 im oberen Bereich des Übergewichts.
Trainingsmotive	• Gewichtsreduktion • Stärkung des Immunsystems	
Berufliche Tätigkeit	Controller	Der Kunde übt eine überwiegend sitzende berufliche Tätigkeit aus. Da er Verantwortung trägt sind Überstunden in seinem Unternehmen unerlässlich.
Aktuelle sportliche Tätigkeiten	• Schwimmen: Einmal pro Woche für 30 Minuten • Radfahren: Einmal pro Monat für zwei Stunden • Squash: Einmal pro Monat für eine Stunde	Der Kunde ist aktuell wenig körperlich aktiv. Außerdem kann man anhand der geringen aktiven Zeit davon ausgehen, dass keine Struktur in der Trainingsplanung des Kunden vorhanden ist und die

	Daten	Bewertung
		Ziele nur nach seinem Empfinden verfolgt werden.
Frühere sportliche Tätigkeit	• Schwimmen: Im Amateurbereich, ab dem sechsten bis zum 15. Lebensjahr (zweimal pro Woche, jeweils 90 min) • Handball: im Amateurbereich, ab dem sechsten bis zum 25. Lebensjahr (zwei- dreimal pro Woche, jeweils 90 min)	Der Klient ist seit der Kindheit sportlich aktiv und ist vertraut mit Erfahrungen rund um Sport und hat Spaß an Bewegung.
Zeitlicher Verfügungsrahmen	Zwei- dreimal pro Woche, jeweils ca. 60 Minuten	
Blutdruck	135 mmHg systolisch zu 86 mmHg diastolisch	Die Blutdruckeinteilung aus Tabelle 2 zeigt, dass der Blutdruck im Hochnormalen Bereich liegt.
Ruhepuls	78 S/min	Der Ruhepuls des Kunden liegt an der Obergrenze der Normwerte (60 S/min-80 S/min) lässt aber auf einen mäßigen körperlichen Leistungszustand schließen.

Um die Daten des Kunden bewerten und vergleichen zu können werden die entsprechenden Normwerte herangezogen.

Beim Ruhepuls handelt es sich um einen wichtigen Indikator um den Ausdauerleistungszustand einer Person zu beurteilen. Grundsätzlich gilt, je höher der Ruhepuls ist, desto schlechter ist der körperliche Ausdauerleistungszustand. Der Ruhepuls liegt im Durchschnitt zwischen 60 und 80 Schlägen pro Minute und bei Leistungssportlern deutlich unter 50 Schlägen pro Minute (Weineck, 2003, S.50).

In der folgenden Tabelle werden die Normwerte des Blutdrucks dargestellt, um den Blutdruck des Klienten bewerten zu können.

Tabelle 2: Blutdruckeinteilung (RKI, 2015, S.3; nach European Society of Hypertension, 2013)

	Systolischer Blutdruck in mmHg	Diastolischer Blutdruck in mmHg
Optimal	<120	<80
Normal	120-129	80-84
Hochnormal	130-139	85-89
Hypertonie Grad 1	140-159	90-99
Hypertonie Grad 2	160-179	100-109
Hypertonie Grad 3	≥ 180	≥ 110

Erwachsene über 20 Jahre fallen in eine der BMI Klassifikationen, die in der folgenden Tabelle dargestellt werden:

Tabelle 3: Bewertung des Ernährungszustands den Body-mass-index - BMI (WHO, 2021)

BMI (kg/m^2)	Ernährungszustand
Unter 18,5	Untergewicht
18,5-24,9	Normalgewicht
25.0-29,4	Übergewicht
30,0-34,9	Adipositas 1
35,0-39,9	Adipositas 2
Über 40	Adipositas 3

1.2 Leistungsdiagnostik/Ausdauertestung

Um die Ausdauerleistungsfähigkeit des Kunden bewerten zu können wird der IPN-Fahr-radergometer-Ausdauertest (IPN-Test) genutzt. Zunächst erfolgt eine Voreinstunfung hinsichtlich der Belastbarkeit des Kunden für den Ergometertest anhand der Allgemeinen und biometrischen Daten aus Tabelle 1, wie sportliche Aktivitäten, Lebensalter, Ge-schlecht und Ruheherzfrequenz. Mit diesen Einflussfaktoren wird zudem die individuelle Zielherzfrequenz ermittelt, die gleichzeitig auch als Abbruchkriterium dient.

Aus Tabelle 4 ergibt sich für den Kunden eine Zielherzfrequenz von 145 S/min. Aufgrund des geringen Ausdauertrainings des Kunden kann aus Tabelle 5 entnommen werden, dass kein Pulsaufschlag zu den ermittelten 145 S/min hinzugefügt werden muss.

Tabelle 4: Voreinstufung nach Ruheherzfrequenz und Lebensalter (modifiziert nach Trunz, 2001; IPN, 2004, S.4)

Alter / Hf$_{Ruhe}$	<20	20-29	30-39	40-49	50-59	60-69	>70
<50	140 S/min	135 S/min	130 S/min	125 S/min	115 S/min	110 S/min	105 S/min
50-59	145 S/min	140 S/min	135 S/min	125 S/min	120 S/min	115 S/min	110 S/min
60-69	145 S/min	145 S/min	135 S/min	130 S/min	125 S/min	120 S/min	115 S/min
70-79	150 S/min	145 S/min	140 S/min	135 S/min	130 S/min	125 S/min	120 S/min
80-89	155 S/min	150 S/min	145 S/min	140 S/min	135 S/min	125 S/min	125 S/min
>90	160 S/min	155 S/min	150 S/min	145 S/min	135 S/min	130 S/min	125 S/min

Tabelle 5: Voreinstufung mit Berücksichtigung der Trainingshäufigkeit (modifiziert nach Trunz, 2001; IPN, 2004, S.4)

Trainingszustand	Trainingshäufig-keit/Woche	Stunden/Woche	Pulsaufschlag
Kein Ausdauertrai-ning	Kein einziges Mal	0 Stunden	Kein Aufschlag
Wenig Ausdauertrai-ning	1-2-mal	< 1 Stunde	Kein Aufschlag
Moderates Ausdau-ertraining	2-3-mal	1-2 Stunden	Plus 5 S/min
Viel Ausdauertraining	3-4-mal	2-4 Stunden	Plus 10 S/min
Sehr Viel Ausdauer-training	> 4-mal	> 4 Stunden	Plus 15 S/min

Anschließend wird der Fahrradergometertest in Form des WHO-Test durchgeführt, da dieser für leistungsschwächere Personen und Übergewichtige geeignet ist. Zudem ist es ein submaximaler Belastungstest, der die Belastung stufenweise erhöht, damit eine kör-perliche Überbelastung verminden wird aber dennoch Rückschlüsse auf die Ausdauer-leistungsfähigkeit des Kunden gezogen werden können. Beim WHO-Test liegt die Ein-gangsbelastung bei 25 Watt. Nun wird alle zwei Minuten eine Belastungssteigerung von

25 Watt vorgenommen und nach jeder Minute die Herzfrequenz gemessen. Die Trittfrequenz liegt ca bei 60-80 U/min und die Wattleistung wird bis zur Pulsobergrenze gesteigert. Anschließend erfolgt die Normwertbewertung.

Tabelle 6: Ausdauertestung nach WHO (eigene Darstellung)

Testform	Submaximal	Stufendauer	2 min
Trittfrequenz	65 U/min	Eingangsbelastung	25 Watt
Eingangsbelastung	25 Watt	Belastungssteigerung	25 Watt
Pulsobergrenze	145 S/min	Abbruchgrenze	145 S/min
Einganstest		Datum: 11.12.2021	
Zeit	Watt	Herzfrequenz 1 (1. Minute)	Herzfrequenz 2 (2. Minute)
0:00	25 Watt	92 S/min	92 S/min
2:00	50 Watt	96 S/min	100 S/min
4:00	75 Watt	108 S/min	112 S/min
6:00	100 Watt	120 S/min	124 S/min
8:00	125 Watt	132 S/min	140 S/min
10:00	150 Watt	148 S/min	Abbruch
Watt Gesamt	137,5 Watt		
Watt/kg	137,5 Watt/90kg = 1,53 Watt/kg		
Bewertung nach Normtabelle	Unterdurchschnittliche Intensität im Vergleich zum Alter des Kunden (0,51-0,55 = Faktor zur Berechnung der empfohlenen Trainingsherzfrequenz)		

Männer

Faktor/Alter	< 30	30-34	35-39	40-44	45-49	50-54	55-59	ab 60	Bewertung
0,50	1,45	1,38	1,31	1,23	1,16	1,09	1,02	0,94	- -
0,51	1,50	1,43	1,35	1,28	1,20	1,13	1,05	0,98	- -
0,52	1,55	1,47	1,40	1,32	1,24	1,16	1,09	1,01	- -
0,53	1,60	1,52	1,44	1,36	1,28	1,20	1,12	1,04	- -
0,54	1,65	1,57	1,49	1,40	1,32	1,24	1,16	1,07	- -
0,55	1,70	1,62	1,53	1,45	1,36	1,28	1,19	1,11	-
0,56	1,75	1,66	1,58	1,49	1,40	1,31	1,23	1,14	-
0,57	1,80	1,71	1,62	1,53	1,44	1,35	1,26	1,17	-
0,58	1,85	1,76	1,67	1,57	1,48	1,39	1,30	1,20	-
0,59	1,90	1,81	1,71	1,62	1,52	1,43	1,33	1,24	-
0,60	2,00	1,90	1,80	1,70	1,60	1,50	1,40	1,30	Ø
0,61	2,20	2,09	1,98	1,87	1,76	1,65	1,54	1,43	Ø
0,62	2,40	2,28	2,16	2,04	1,92	1,80	1,68	1,56	Ø
0,63	2,60	2,47	2,34	2,21	2,08	1,95	1,82	1,69	+
0,64	2,80	2,66	2,52	2,38	2,24	2,10	1,96	1,82	+
0,65	3,00	2,85	2,70	2,55	2,40	2,25	2,10	1,95	+
0,66	3,20	3,04	2,88	2,72	2,56	2,40	2,24	2,08	+ +
0,67	3,40	3,23	3,06	2,89	2,72	2,55	2,38	2,21	+ +
0,68	3,60	3,42	3,24	3,06	2,88	2,70	2,52	2,34	+ +
0,69	3,80	3,61	3,42	3,23	3,04	2,85	2,66	2,47	+ +
0,70	4,00	3,80	3,60	3,40	3,20	3,00	2,80	2,60	+ +

Abbildung 1: relative Watt-Soll-Leistung (pro Kg) bei Männern (modifiziert nach IPN, 2004, S.8)

Der Kunde hat insgesamt fünf Belastungsstufen vollständig durchlaufen und hat erst bei der sechsten Belastungsstufe nach einer Minute seine Pulsobergrenze von 145S/min überschritten. Somit wurde die Ausdauertestung auf dem Fahrradergometer nach der elften Minute abgebrochen. Insgesamt waren es dann 137,5 Watt auf dem Ergometer die nun zur Bestimmung der Watt-Soll-Leistung bei Männern durch das Körpergewicht geteilt werden. Vergleicht man das Ergebnis, den Faktor 0,5–0,55 mit der Watt-Soll-Leistung aus der Abbildung 1, ergibt sich für den Kunden eine Ausdauerleistungsfähikeit im unterdurchschnittlichen Bereich. Mit diesem Belastungsfaktor (BF) und der IPN-Formel lässt sich nun eine individuelle Trainingsintensität und somit die Trainingsherzfrequenz (Thf) ableiten.

Berechnungsformel für das Fahrradergometer:

$\text{Thf} = [(220\text{-Lebensalter}) - \text{Hf}_{Ruhe}] \times \text{BF} + \text{Hf}_{Ruhe}$

$[(220\text{-}28) - 78 \text{ S/min}] \times 0,5 + 78 \text{ S/min} = 135 \text{ S/min}$

Laut der IPN-Formel liegt die empfohlene Trainingsherzfrequenz des Kunden bei 135 S/min für das Ausdauertraining auf dem Fahrrad.

1.3 Gesundheits- und Leistungsstatus der Person

Durch die früheren und aktuellen Aktivitäten kann man festhalten, dass der Kunde grundsätzlich mit Sport und Bewegung vertraut ist. Allerdings lassen die allgemeinen und biometrischen Daten eine eher unterdurchschnittliche Ausdauerleistung erwarten. Der allgemeine Gesundheitszustand beeinträchtigt den Kunden im Ausdauertraining nicht. Daher lässt sich der Kunde als gut trainierbar einstufen.

Nach Vollendung der Ausdauertestung ist ein deutliches Defizit in der Ausdauerleistungsfähigkeit des Kunden zu erkennen. Auch der erhöhte BMI, sowie der Ruhepuls an der Obergrenze der Normwerte oder der Blutdruck im hochnormalen Bereich lassen auf eine untrainierte Person schließen. Der Kunde sollte also unbedingt aerobes Training mit anfangs moderater Intensität durchführen. Aufgrund dieser Erkenntnisse und um die angegebenen Parameter des Kunden positiv zu beeinflussen ist ein strukturierter Trainingsplan mit Vorgaben der Trainingsintensitäten und mit klaren Zielen notwendig.

2   Zielsetzung/Prognose

Tabelle 7: Zielsetzung des Kunden (eigene Darstellung)

Ziel	Ausmaß	Zeit
Ziel 1:Senkung des BMI	Vom Bereich Übergewicht zum Bereich Normalgewicht	6 Monate
Ziel 2: Senkung eines erhöhten Blutdrucks	Vom Hochnormalen in den Normalen Bereich	6 Monate
Ziel 3: Senkung eines erhöhten Ruepulses	Von 78 S/min auf 65-70 S/min	6 Monate
Begründung Ziel 1	Der Klient hat einen erhöhten BMI. Der BMI liegt im Bereich des Übergewichts. Das Ziel, den BMI zu senken, soll Folgeerkrankungen durch Übergewicht verhindern, denn vor allem Adipositas geht mit einem deutlich erhöhten Risiko für chronische degenerative Erkrankungen einher (König, 2017, S.191).	
Begründung Ziel 2	Bei diesem Ziel geht es zum einen um die Vermeidung von irreversible Schäden, wie z.b. Gefäßschäden mit der möglichen Entwicklung von koronarer Herzkrankheit, Herzinfarkt, Schlaganfall, Augen- und Nierenschäden oder Demenz. Zum anderen sollen mittels dieser Zielsetzung die Werte in den normalen Bereich gesenkt werden. Vor allem ist es wichtig nicht in eine Hypertoniestufe zu kommen, da ein Bluthochdruck oftmals jahrelang unentdeckt bleibt (Mathias, 2016, S.63).	
Begründung Ziel 3	Wird der Ruhepuls um zehn Schläge pro Minute gesenkt sind das 14400 Schläge pro Tag, die das Herz weniger schlagen muss und somit entlastet wird.	

3 Trainingsplanung Mesozyklus

3.1 Grobplanung Mesozyklus

Tabelle 8: Grobplanung Mesozyklus (eigene Darstellung)

Mesozyklus II	
Mesozyklusdauer	6 Wochen
Trainingsziel	Aufbau GA1 (Grundlagenausdauer)
Belastungsumfang/Woche	60-180 Minuten
Trainingsmethoden	Extensive Dauermethode (DM)
Trainingsintensitäten von Hf_{max}	50-60% (regenerativ) 60-70% (extensiv)
Trainingshäufigkeit/Woche	2-3-mal
Dauer pro Trainingseinheit	25-35 min (regenerativ) 40-60 min (extensiv)
Trainingsgeräte	Fahrradergometer Laufband

3.2 Detailplanung Mesozyklus

In den folgenden Tabellen wird die detaillierte Planung des Mesozyklus dargestellt.

Damit sich der Kunde im Bereich der Trainingsherzfrequenz bewegt und um eine Über- oder Unterforderung ausschließen zu können, wird in der Detailplanung eine Mindest- bzw. eine Höchstintensität festgelegt. Diese Intensität bzw. Trainingsherzfrequenz wird mit der Herzfrequenzformel des American College of Sports Medicine (ACSM) berechnet. Die Herzfrequenz wurde in der Tabelle auf ganze Herzschläge gerundet. Da der Kunde als Trainingsgeräte das Laufband und Fahrradergometer nutzt, wird im folgenden die Hf_{max} für das Laufband und Fahrrad sowie die ACSM-Formel vorgestellt.

Hf_{max} Laufen = 220 - LA
Hf_{max} Fahrrad = 200 – LA

Trainingsherzfrequenz nach ACSM:
Thf = Hf_{max} x Intensität (%)

Tabelle 9: Detailplanung Mesozyklus Woche 1 und 2 (eigene Darstellung)

Woche 1	Mo	Do	-	Woche 2	Mo	Do	-
Tr.-ziel	GA1	REKOM		Tr.-ziel	GA1	REKOM	
Tr.-Methode	Extensive DM	Extensive DM		Tr.-Methode	Extensive DM	Extensive DM	
Tr.-Intensität	60-70% Hf_{max}	50-60% Hf_{max}		Tr.-Intensität	60-70% Hf_{max}	50-60% Hf_{max}	
Tr.-herzfrequenz	103-120 S/min	96-115 S/min		Tr.-herzfrequenz	103-120 S/min	96-115 S/min	
Tr.-Dauer	40 min	25 min		Tr.-Dauer	40 min	25 min	
Tr.-Gerät	Fahrradergometer	Laufband		Tr.-Gerät	Fahrradergometer	Laufband	

Tabelle 10: Detailplanung Mesozyklus Woche 3 und 4 (eigene Darstellung)

Woche 3	Di	Do	Sa	Woche 4	Di	Do	Sa
Tr.-ziel	GA 1	REKOM	GA 1	Tr.-ziel	GA 1	REKOM	GA 1
Tr.-Methode	Extensive DM	Extensive DM	Extensive DM	Tr.-Methode	Extensive DM	Extensive DM	Extensive DM
Tr.-Intensität	60-70% Hf_{max}	50-60% Hf_{max}	60-70% Hf_{max}	Tr.-Intensität	60-70% Hf_{max}	50-60% Hf_{max}	60-70% Hf_{max}
Tr.-herzfrequenz	103-120 S/min	96-115 S/min	103-120 S/min	Tr.-herzfrequenz	103-120 S/min	96-115 S/min	103-120 S/min
Tr.-Dauer	40 min	30 min	40 min	Tr.-Dauer	50 min	35 min	50 min
Tr.-Gerät	Fahrradergometer	Laufband	Fahrradergometer	Tr.-Gerät	Fahrradergometer	Laufband	Fahrradergometer

Tabelle 11: Detailplanung Mesozyklus Woche 5 und 6 (eigene Darstellung)

Woche 5	Di	Do	Sa	Woche 6	Di	Do	Sa
Tr.-ziel	GA 1	REKOM	GA 1	Tr.-ziel	GA 1	REKOM	GA 1
Tr.-Methode	Extensive DM	Extensive DM	Extensive DM	Tr.-Methode	Extensive DM	Extensive DM	Extensive DM
Tr.-Intensität	60-70% Hf_{max}	50-60% Hf_{max}	60-70% Hf_{max}	Tr.-Intensität	60-70% Hf_{max}	50-60% Hf_{max}	65-75% Hf_{max}
Tr.-herzfrequenz	115-134 S/min	96-115 S/min	103-120 S/min	Tr.-herzfrequenz	103-120 S/min	96-115,2 S/min	112-129 S/min
Tr.-Dauer	50 min	35 min	60 min	Tr.-Dauer	60 min	35 min	60 min
Tr.-Gerät	Laufband	Laufband	Fahrradergometer	Tr.-Gerät	Fahrradergometer	Laufband	Fahrradergometer

3.3 Begründung zum Mesozyklus

Da der Kunde eine zeitliche Begrenzung vorgegeben hat, gibt es in der Detailplanung des Mesozyklus über sechs Wochen einen Belastungsumfang von zwei bis drei Trainingseinheiten pro Woche, die zwischen 25 und 60 Minuten andauern. Je länger die Trainingsbelastung dauert, desto mehr Fette werden verbrannt, bzw. umso stärker ist der Reiz für eine Verbesserung des Fettstoffwechsels (Tegtbur, 2000). Zwischen den Trainingseinheiten liegt immer mindestens ein Tag ohne Training. Für den Mesozyklus ist der Belastungsumfang völlig ausreichend. Bei zu hohem Umfang kann der Kunde schnell in eine Überforderung geraten und verliert womöglich die Motivation die Trainingseinheiten regelmäßig zu absolvieren und so auch seine Ziele konsequent zu verfolgen. Laut Tomasits und Haber (2016) führt bereits die Wirkung eines einzigen Ausdauertrainings zur Blutdruckabnahme bei Bluthochdruck, sodass hinsichtlich des Ziels zur Senkung des Blutdrucks Ausdauertraining von Vorteil ist .

Für untrainierte Personen sollte die Trainingsintensität bei ca. 60-70% von Hf_{max} liegen. Da der Kunde mittels des IPN-Tests als untrainierte Person diagnostiziert wurde, sollte auch eine geeignete Trainingsmethode festgelegt werden. In diesem Fall wurde die extensive Dauermethode (DM) als Trainingsmethode bestimmt.. Denn die extensive Dauermethode ist für Anfänger ein gutes Training (Olivier, Marschall & Büsch, 2008, S. 158) und nicht nur die grundlegende Methode für alle anderen Trainingsmethoden sondern bewegt sich auch unter bzw. an der aeroben Schwelle mit einer Trainingsintensität von

50-75% von Hf_{max}. So werden die individuellen Ziele des Kunden berücksichtigt, wie die Steigerung der Immunabwehr, denn ein moderat betriebenes Ausdauertraining im aeroben Bereich fördert die Leistungs- und Regenerations- bereitschaft der Immunabwehr (Mathias, 2016, S.88).

Da beim Ausdauertraining vor allem die Häufigkeit und die Belastungsdauer im Fokus der Belastungsprogression liegen gilt die Grundregel, Häufigkeit vor Umfang vor Intensität. Nach diesem Schema wurde auch der Trainingsplan des Kunden geplant. Zuerst wurde die Trainingshäufigkeit von zweimal auf dreimal pro Woche nach einer kurzen Adaption angehoben. Danach wurde die Belastungsdauer, bzw. der Umfang der Trainingseinheiten erhöht. Aus anfänglich 40 Minuten auf dem Fahrrad und 25 Minuten auf dem Laufband wurden auf 60 Minuten auf dem Fahrrad und 50 Minuten auf dem Laufband. Zuletzt erfolgte eine moderate Steigerung der Belastungsintensität in der sechsten Trainingswoche des Mesozyklus.

Für den Kunden wurden die Trainingsbereiche von 50-75% der Hf_{max} gewählt, da der Aufbau der Grundlagenausdauer 1(GA1), der Stressabbau sowie die Anpassungseffekte der extensiven Dauermethode im Fokus stehen. Da der Kunde viel arbeitet und regenerative Trainingseinheiten neben denen mit höherer Intensität empfehlenswert sind, wurde für jede Woche ein REKOM Training eingeplant, das für Regeneration und Stressabbau sorgen soll. Für die Senkung des BMI steht die GA 1 im Vordergrund, die den Fettstoffwechsel anregen und gleichzeitig die Grundlagenausdauer 1 aufbauen soll. Denn körperliches Training führt direkt zu einer Gewichtsreduktion über den erhöhten Energieumsatz (Tegtbur, 2000). Außerdem senkt Ausdauertraining die Herzfrequenz auf etwa 60 Schläge pro Minute bei fast allen Freizeitsportlern (Mathias, 2016, S.60).

Für den Traininsplan stehen das Fahrradergometer und das Laufband zur Verfügung.

Um dem Kunden den Start in einen strukturierten Trainingsplan durch koordinativ weniger anspruchsvolle Bewegungen so einfach wie möglich zu gestalten wird hauptsächlich das Fahrradergometer genutzt. Das Laufband sorgt für die nötige Abwechslung gegenüber dem Fahrrad und hat durch den Einsatz großer Muskelgruppen einen größeren cardiopulmonalen Trainingseffekt. So wird versucht über schnellere Trainingserfolge auf dem Fahrradergometer und über den Wechsel sowie die Hinführung zum Laufband die Trainingsmotivation hoch zu halten.

4 Literaturrecherche

Tabelle 12: Auswirkungen von Ausdauer- und Ausdauerkrafttraining auf die Körperzusammensetzung und die körperliche Leistungsfähigkeit bei Frauen mit abdominaler Adipositas

Autor	D. Skrypnik, P. Bogdański, E. Madry, ⹁. Karolkiewicz, M. Ratajczak, J. Kryściak, D. Pupek-Musialik, J. Walkowiak
Publikationsjahr	2015
Forschungsfrage	Auswirkungen von Ausdauer- und Ausdauerkrafttraining auf die Körperzusammensetzung und die körperliche Leistungsfähigkeit bei Frauen mit abdominaler Adipositas
Versuchspersonen	44 Frauen mit abdominaler Adipositas
Versuchsaufbau	Die Frauen mit abdominaler Adipositas wurden nach dem Zufallsprinzip in die Gruppen A und B eingeteilt und gebeten, 3 Monate lang dreimal pro Woche 60 Minuten lang Ausdauer- (A) und Ausdauerkrafttraining (B) durchzuführen. Vor und nach dem Training wurden eine Dual-Energy-Röntgenabsorptiometrie und ein Graded Exercise Test durchgeführt.
Ergebnisse	Nach beiden Interventionstypen wurde ein signifikanter Rückgang der Körpermasse, des BMI, des Gesamtkörperfetts, der Gesamtkörperfettmasse sowie des Taillen- und Hüftumfangs beobachtet. In beiden Gruppen wurden signifikante Steigerungen der maximalen Sauerstoffaufnahme, der Zeit bis zur Erschöpfung, der maximalen Arbeitsleistung und der Arbeitsleistung an der ventilatorischen Schwelle von einer deutlichen Senkung der Ruheherzfrequenz, des systolischen Blutdrucks in der Ruhephase sowie des diastolischen Blutdrucks in der Ruhephase und bei Belastung begleitet. Bei den untersuchten Parametern wurden keine signifikanten Unterschiede zwischen den Gruppen festgestellt.
Schlussfolgerungen	Die Ergebnisse zeigen, dass ein dreimonatiges Ausdauer- und Ausdauerkrafttraining bei Frauen mit abdominaler Adipositas einen positiven und vergleichbaren Effekt auf anthropometrische Parameter, Körperzusammensetzung, körperliche Leistungsfähigkeit und Funktion des Kreislaufsystems hat.

Tabelle 13: Auswirkungen eines hochintensiven Intervalltrainings im Vergleich zu einem moderaten Ausdauertraining und einer Nachuntersuchung auf den Fettstoffwechsel, die kardiorespiratorische Funktion und die mitochondriale Atmung bei adipösen Erwachsenen

Autor	F. Vaccari, A Passaro, A. D´Amuri, J. Maria Sanz, F. Di Vece, E. Capatti, B. Magnesa, M. Comelli, I. Mavelli, B. Grassi, F. Fiori, G. Bravo, A. Avancini, M. Parpinel, S. Lazzer
Publikationsjahr	2020
Forschungsfrage	Auswirkungen eines 3-monatigen hochintensiven Intervalltrainings im Vergleich zu einem moderaten Ausdauertraining und einer 4-monatigen Nachuntersuchung auf den Fettstoffwechsel, die kardiorespiratorische Funktion und die mitochondriale Atmung bei adipösen Erwachsenen
Versuchspersonen	Zweiunddreißig Patienten mit einem Durchschnittsalter von 39 Jahre und einem mittleren Body-Mass-Index [BMI] (36 kg·m-2) nahmen an dieser Studie teil.
Versuchsaufbau	Um bei fettleibigen Erwachsenen die Veränderungen der Körperzusammensetzung, der körperlichen Leistungsfähigkeit, der Fettoxidation und der mitochondrialen Ex-vivo-Atmung zu untersuchen absolvierten adipöse Erwachsenen ~ 34 Trainingssitzungen. Diese absolvierten die Patienten innerhalb eines 3-monatigen moderaten Ausdauertrainings (MICT) oder eines hochintensiven Intervalltrainings (HIIT), anschließend wurden die Patienten vier Monate lang beobachtet. Zu Beginn (PRE), am Ende des Programms (POST) und nach der Nachuntersuchung wurden die Körperzusammensetzung, die maximale O2-Aufnahme und die Fettoxidationsrate gemessen. Biopsien des Musculus Vastus lateralis wurden zur Bewertung der mitochondrialen Atmung nur zu Beginn und am Ende des Programms durchgeführt.
Ergebnisse	Nach dem Training nahmen die Körpermasse und die Fettmasse bei MICT und HIIT ab (- 6 bzw. - 14 %, P < 0,05). Die maximale O2-Aufnahme stieg in beiden Gruppen an (+ 6 bzw. + 16 %, P < 0,05). Die maximale Fettoxidationsrate stieg nur nach HIIT. Die maximale ADP-stimulierte mitochondriale Atmung, normalisiert sich durch die Citrat-Synthase und stieg um 67 % bei MICT und 36 % bei HIIT, ohne signifikante Unterschiede. Nach der Nachuntersuchung waren Körpermasse und Fettmasse immer noch niedriger (- 4 bzw. - 20 %, P < 0,050) im Vergleich zum Ausgangswert in beiden Gruppen. Nur nach HIIT waren die maximale O2-Aufnahme (+ 8 %) und die maximale Fettoxidationsrate noch höher (P < 0,05).
Schlussfolgerungen	MICT und HIIT führen zu einer niedrigeren Körper- und Fettmasse. Nur HIIT war bei der Verbesserung und Aufrechterhaltung von der maximalen O2-Aufnahme und Fettoxidation effektiver.

5 Literaturverzeichnis

IPN. (2004). *IPN-Test③ - Ausdauertest für den Fitness- und Gesundheitssport.* Köln: IPN.

König, D. (2017). Bewegung, Übergewicht und Adipositas. In W. Banzer (Hrsg.), *Körperliche Aktivität und Gesundheit. Präventive und therapeutische Ansätze der Bewegungs- und Sportmedizin* (S. 189-197). Berlin: Springer-Verlag

Mathias, D. (2016). 53 Ausdauertraining und Blutdruck . *Fit und Gesund von 1 bis 100* (S.63). Berlin: Springer-Verlag

Mathias, D. (2016). 77 Sport und Optimierung der Immunabwehr. *Fit und Gesund von 1 bis 100* (S.88). Berlin: Springer-Verlag

Mathias, D. (2016). 50 Ausdauertraining und Herzfrequenz. *Fit und Gesund von 1 bis 100* (S.60). Berlin: Springer-Verlag

Neuhauser H & Sarganas G. (2015). *Hoher Blutdruck: Ein Thema für alle.* Berlin: Robert Koch – Institut (S. 3).

Olivier, N., Marschall, F. & Büsch, D. (2008). *Grundlagen der Trainingswissenschaft und –lehre* (2. Aufl.). Schorndorf: Hofmann.

S. D., B: P., M. E., K. J.. R. M., K. J., P-M. D., W. J. (2015). *Effects of Endurance and Endurance Strength Training on Body Composition and Physical Capacity in Women with Abdominal Obesity.* Obes Facts, 8 (3), 175-87.

Tegtbur, U. (2000). *Fettstoffwechsel, Gewichtsreduktion und körperliche Aktivität.* Hannover: Sportmedizinisches Untersuchungszentrum.

Tomasits, J., Haber, P. (2016). Bedeutung des Ausdauertrainings bei Erkrankungen. In: *Leistungsphysiologie* (S. 22). Berlin: Springer-Verlag

Trunz, E. (2001). *IPN-Test®–Ausdauertest für den Fitness- und Gesundheitssport. Köln, Institut für Prävention und Nachsorge.* Köln.

V. F., P. A., D'A. A., S. JM., Di V. F., C. E., M. B., C. M., M. I., G. B., F. F., B. G., A. A., P. M., L. S. (2020) *Effects of 3-month high-intensity interval training vs. moderate endurance training and 4-month follow-up on fat metabolism, cardiorespiratory function and mitochondrial respiration in obese adults.* European Journal of Applied Physiology, 120 (8), 1787-1803

Weineck, J. (2003). Ausdauertraining. *Trainingssteuerung über die Herzfrequenz- und Milchsäurebestimmung.* Balingen: Spitta.

WHO (2021). *Body Mass Index-BMI.* Zugriff am 21.12.2021. Verfügbar unter https://www.euro.who.int/en/health-topics/disease-prevention/nutrition/a-healthy-lifestyle/body-mass-index-bmi

6   Abbildungs- und Tabellenverzeichnis

6.1 Abbildungsverzeichnis

6.2 Tabellenverzeichnis